지도에도 없는 길

서정문 : 경북 안동 출생, 1990년 〈우리문학〉으로 등단, 육사 36기 졸업, 정치학박사, 국제펜이사, 호국문예 장시 당선, 전쟁문학상 수상, 서초문인협회, 용산문학인협회, 서귀포 문인협회 회원, 다층문학 동인, 시집 『화랑대』, 『푸른 날개』, 『지도에도 없는 길』 등. 현 서귀포 파크선샤인제주 호텔 상무이사. E-mail : poet0725@hanmail.net

다층현대시인선 167

지도에도 없는 길

발행일 2019년 11월 30일
지은이 서정문
펴낸이 김동진
펴낸곳 도서출판 다층
등록번호 제27호
주소 (63211)제주특별자치도 제주시 오복5길 10, 1층
전화 (064)757-2265/FAX(064)725-2265
E-mail dc2121@empas.com

ISBN 978-89-5744-094-0 03810

값 10,000원

다층현대시인선 167

서정문 시집

지도에도 없는 길

다층

* 페이지 시작과 끝부분에 〉표시는 연을 구분하는 표시입니다.

시인의 말

두 번째 시집을 내고 난 뒤 너무 오랜 시간이 흘렀다. 20년이 지나는 동안 부모님이 돌아가셨고, 오랜 군 생활도 마무리되었다. 해외와 전국을 전전하면서 살던 생활도 정리가 되었으며, 전역 후 5년 동안 안양의 대학에서 강의하던 것도 접었다.

그리고 제주로 왔다. 섬으로 왔다. 아열대 식물들이 자라는 이곳이 이국으로 느껴질 때도 있다.

바다를 늘 보면서, 한라산을 하루도 보지 않고는 살 수 없는 곳에서. 저녁이면 예술의전당 길을 걸었다. 너무 자연이 좋아, 너무 아름다워 시가 더 잘 써지지 않기도 했다.

그동안 전후방 지역을 다니면서, 그리고 일부는 여기 서귀포에서 쓴 시들을 모아 엮는다. 시시한 것들이 많지만, 시는 여전히 내 삶의 친구가 아닐 수 없다.

서정문

차례

5__시인의 말

제1부 너에게 가는 길은 멀고 험하다

13__연평도 1
14__연평도 2
15__연평도 3
16__연평도 4
17__밀지密旨
18__열차의 시간
19__발칙한 태풍
20__두무진에서
21__푸른 기억
22__빈 잔
23__보리누름
24__억새처럼
25__안개가 되다
26__너에게 가는 길은 멀고 험하다
27__꽃
28__저녁 강
29__안전표지판
30__중앙통 골목 시장
31__산수유 필 때
32__물의 비밀
33__해방촌
34__겨울 갈대
35__이문동 버스
36__폐타이어
37__갯벌에서

제2부 달맞이꽃

41__말에 대해
42__고산서원
43__겨울나무
44__흰 탑 아래 서다
45__엉겅퀴꽃
46__바닷새
47__대저울
48__고욤나무
49__제육볶음
50__수종사 은행나무
51__고일 느티나무
52__기차를 기다렸다
53__안테나
54__달맞이꽃
55__낮달
56__별의 허물
57__하회탈춤
58__안동 장날
59__어병이요
60__살구나무, 누워버렸다
61__헛묘
62__할머니 오일장
63__붉은 뱀
64__조자앉다
65__길의 끝
66__삭정이
67__하류에서
68__콩 담은 깡통처럼

제3부 그리운 사람 하나 제주에 심듯

71__늙은 동백나무
72__당일바리 1
73__마라도
74__모란 동백
75__별섬
76__동백꽃은 보이지 않고
77__부시리 부실이
78__어떤 퐁낭
79__애기동백 1
80__애기동백 2
81__당일바리 2
82__당일바리 3
83__보목포구
84__자구리
85__그리운 사람 하나 제주에 심듯

제4부 푸른 신호등

89__첫눈 위 발자국
90__요양병동 5호실
91__끊어진 빨랫줄
92__푸른 신호등
93__치매의 시간
94__치매
95__붉은 대추
96__나비
97__그림보다 그림같은 보리
98__보리가 익을 때

99__목련
100__와송
101__달빛 상여
103__담쟁이덩굴
104__밥심
105__앰뷸런스 푸른등
106__벌초

해설

107__삶의 형식에서 발견한 시적 체험과 성찰 | 김나영

제1부 너에게 가는 길은 멀고 험하다

연평도 1

섬 자락
신호를 기다려
물의 암호를 푸는 동안
모든 포砲들은 정지되어 신호를 기다린다
목표를 잃은 포구砲口들이
한동안 할 말을 잊은 채
허공으로 절규를 퍼부었다
아무도 들어줄 사람 없는 바다로
빛들이 쏟아져 내린다
아리까리해안
빛이 어둠을 걷어내자
바다는 우르르 각혈한다

연평도 2

부둣가로 가는 길에 드문드문 불이 밝혀진다
사람들 떠나버린 빈집
개들은 저녁거리를 찾아 골목을 헤맨다
갯펄에 물이 들고
탄흔 안으로 바람이 찬다
낮은 담벼락에 펄럭이는 노란 줄
깨어진 창으로 바람이 몰려든다
푸른 햇살 감기는 처마
비린 내음 출렁출렁 바다로 흐른다
마른 밧줄이 노을을 묶고
깨어진 창 사이 어둠이 깊어진다

연평도 3

물이 빠져나간 자리를

매운바람이 채운다

뭍으로 떠난 발자국이 어지러운 부두

흐린 불빛 창가에

떠나지 못한 키 낮은 그림자

스산한 봄

포탄 터진 자리에 노을이 매캐하다

포성 멎은 바다

고기잡이배들 묶인 항구에

파도 소리만 깊어간다

연평도 4

텅 빈 부두

뭍으로 올라앉은 배

굽어진 섬의 돌출부를

바람이 연신 두드리고 있다

면사무소 앞

북향집 무너진 천장

바다 쪽으로 가슴이 뻥 뚫려있다

밀지密旨

지상으로 은밀한 지령 하나 내려온다. 그 새벽 흰 포대에 차곡하게 돌담을 쌓아 빈틈없이 막아두고, 바람 줄기들은 오다가 멎고, 오다가 멎고. 햇살 전갈은 지상으로 전해질 수 없다는 듯. 척후병은 돌아올 줄 모르고, 직접 가야지 하고 가는 길은 무수한 지상의 때 묻은 흔적뿐. 녹다가 말고 얼다가 말고 녹슬고 무딘 칼날. 점차 녹슬어 가는 침묵이 등을 내민다. 아득한 것들은 유리문 너머로 반사되길 기다리지만 아무도 마주치지 않는 어둠. 이슥한 길은 걸어도 걸어도 발자국 하나 없고. 추운 밤까지 기다려야 흰 표지 하나를 찾을 수 있을까. 암호처럼 던져둔 이정표 앞에서 한참을 망설인다. 전해지지 못한 밀지는 철 지난 귤나무에 걸려 파들거리고, 스산한 과수원. 남긴 한라봉 열매 하나 노랗게 등불을 밝히고 서 있다.

열차의 시간

문이 열리고 한 떼의 사람들은 내리고 줄을 선 사람들은 밀려온다. 인연이 엇갈리는 시간, 사람보다 전동차가 조바심을 낸다. 아무리 소리를 치고 여러 번 알려주어도 사람들은 아랑곳하지 않는다. 스르르 빨려드는 사람들. 한결같이 고개를 숙이고 기도를 한다. 혼자 웃는다. 동의를 구하거나 동조하는 사람은 없다. 다음 정거장, 다시 사람들이 내리고 탄다. 다시 다음. 사람들은 내리고 탄다. 열차는 스스로 다리를 내린다. "여기는 종착역입니다. 한 분도 빠짐없이 모두 내리시기 바랍니다." 역사 밖은 이미 어둠. 불빛이 빛나고 갈 길은 남았고, 빛은 저물어간다. 열차는 뱀처럼 기어가고, 밤이 천천히 그 열차를 따라간다.

발칙한 태풍

눅눅한 벙커로 두툼한 지령 하나 내려온다. 이튿날 새벽까지 흰 포대 한 다발 준비 후 빈틈없이 방어벽을 구축할 것. 보내는 전갈은 누구에게도 허락 없이 개봉하지 말 것. 암호는 세 번 이상 확인 후 턱을 두 번 문질러 상대를 인식할 것. 바람 줄기들이 오다가 방벽에 부딪힌다. 척후병을 보낼 수는 없다. 직접 검을 들고 비탈길을 오를 것이다. 무수한 지상의 때 묻은 자리. 녹다 만 얼음 파편들이 즐비하게 퍼진다. 녹슬어 가는 포신에서 침묵이 안개처럼 피어나고, 이슥한 길. 걸어도 걸어도 발자국 하나 남지 않는다. 새벽까지 창문을 열어두고 기다려야 흰 표지 하나를 찾게 될 것이다. 암호는 이정표가 일러줄 예정. 봉인된 붉은 도장은 만장처럼 무덤 속에 남는다.

두무진에서

두무진이 없다면 연평도가 아니다
발이란 발은 모두 파도에 담그고
푸른 지평선을 지키고 선 돌 장군들이 거기 있다
어느 오누이는 여기서 사진을 찍다가 남동생을 잃었다 하고
누구는 종일 누군가의 이름을 부르다 길을 잃고
하얀 구름이 정갱이를 자꾸 걷어찬다
진종일 장검으로 하늘을 잘라 무뎌진 칼날
해 지는 노을에 칼 가는 소리가 거슬린다
겹겹이 붉은 눈빛을 쌓아 올린 다음
뱃길 따라 별을 낚으러 가는
장수들은 밤에도 좀체 잠들지 못한다

* 두무진 : 백령도에 있는 바위가 아름다운 곳

푸른 기억

아들과 함께 훈련소로 가는 아침
경광등 빛이 갈 길을 어지럽힌다
흰 눈이 뿌려진 고속도로에
차 몇 대 나둥그러져 있고
앞 차창에 눈발 섞인 흙이 튀어
시야가 흐릿하다
정신이 없는데
와이퍼마저 정신없다
훈련소 앞 설렁탕 한 그릇씩
급하게 시켜서 마주 앉았으나
아들은 절반을 먹지 못한다
연병장을 돌고 돌아 까마득히 손을 흔들다가
사라지는 등, 나도 돌아선다

빈 잔

비워두는 건
그대
오래 기다리는 까닭
겹겹의 바람벽을 밀치고
빈 잔을 채운다
틈새를 뚫고 이편으로 건너오는
시린 햇살

비어있음은
그립다는 신호다

보리누름

비늘을 곤두세운 뱀
무성한 보리밭 사이를 지나
찔레꽃 덤불 속으로 들어간다
등으로 하얗게
찔레꽃 향이 묻어 내린다
찔레나무 아래
성벽처럼 똬리를 튼다
붉고 검은 혓바닥 날름거리며
비 오듯 흘리던 땀, 땀처럼 내리던 빗방울
숨을 할딱이며 다가오는
비린 봄보리 내음
비트는 등을 당기느라 진땀을 빼다가
이내 눈을 가물거린다

억새처럼

갈대와 억새를 구분하지 못하였을 때
산을 오르면서 갈대를 쓰다듬었습니다
돌아오면서 보니 그건 억새였습니다
만지다 베인 손에 오래 피가 흐르고
이리저리 바람에 흔들리다
일으켜 세워보니 낯선 사람이었습니다
버릴 것인가 살릴 것인가
결정을 내리지 못한 저녁
갈대를 베어 울타리를 만든다는 게
억새를 베어 엮어 감옥이 되었습니다
흔들리면서 견디온 날들
마른 갈대처럼
젖은 억새처럼
오랫동안 살면서
베이지 않아야 할 것들에게서
자주 피가 흘러내렸습니다
뒤섞여지면서 바람은 오래 울타리 안에 맴돌았습니다

안개가 되다

서로를 묻지 않기로 했지요
그늘만 찾아 몸을 숨기고
더 깊은 어둠으로 걸어가면
흐린 윤곽만 쌓였습니다

그날 안개
한 치 앞이 보이지 않았지만
모두 쓸어 안았으므로

안개가 모두 쓸어 담았으므로
서로가 편하게 안개가 되었습니다

아무것도 보이지 않았습니다

너에게 가는 길은 멀고 험하다

강 앞에 서서 주문을 왼다
느리게 흘러야
천천히 흘러가야 건너갈 수 있으리
그리 뒤돌아보지 않고 가면
우리 사이에 놓인
간격 너른 징검다리
건널 수 없는 강
이편과 저편에서
그저 서로 바라볼 수밖에
오늘 저녁에는 기어이 강을 건너리

강이 얼어붙어
더 넓고 두껍게 다리를 잇는다

춥고 어둡고 바람이 부는 밤
그대에게 가는 길은
조금씩 한 뼘씩 가까워진다

꽃

바람으로 걸러낸 피

가지 끝까지 밀어 올려

멍울진 봄, 탁 터트린다

기별 주지 않아도

오마고 한 날

소식 전해오는,

저녁 강

갈대숲 지나
강은 높이를 가늠하여 낮은 데로 흘러간다
노을 져 흘러가는 시간
검은 강물에 분침처럼 피라미들 튀어 오르고
기울기를 따라 하루가 지나가는데
길은 늘 약간 삐뚜름해진다
나의 어깨가 낮은 때문
낮은 곳으로 정이 가는 건
너와 나 생각 차이
높고 낮은 것이 있을 따름이지
무엇하나 평평한 것은 없어
늘 저만치 손 밖에 있었으니까
물의 층계는 돌기를 남기고
빛 날 때마다 한 뼘씩 흘러가는 강
시간도 대개는 낮은 곳으로 발을 뻗고
저녁 강에서 걸러내는 하루는
직립의 내일이 허락되지 않아도
살아있음의 이유였지
키 작은 수양버들 너머 환하게 달이 떠 있다
피라미와 갈대 손이 가리키는 시간

안전표지판

노루 한 마리 중앙선에 누워있다
피 한 방울 흘리지 못한 주검
누가 세웠는지
누운 자리 앞
붉은 제단 하나 차려졌다

표지판 앞에서
휘청거리며 붉은 신호음을 쏟아내자
죽은 털들이 곤두섰다가 눕는다
바퀴들은 신음을 토하며
이승 속으로 서둘러 도망간다

심장이 멈춘 자리에 붉은 등이 깜박거린다

중앙통 골목 시장

휘장을 걷자 고개를 내미는 것들
2천 5백 원 원조 콩나물 비빔밥
2천 원 잔치국수
3천 원 홍두깨 국수
넉넉한 국밥에 푸진 고기
건져도 건져도 다시 올라온다
김치 두어 접시 갖다 먹고
오는 길에 수수부꾸미 하나

입가심하려 뽑은 버무린 커피 한잔
흐린 그늘이
좁은 골목을 밀고 나간다

산수유 필 때

길 가운데 반투명 살얼음이 얼었다

조금씩 바래가는 산수유 붉은 씨앗
얼음판 속에서
가부좌를 틀고 앉았다

동안거 끝나면
노란 꽃물 자우룩이 몰고 오겠지

물방울 얼룩 따라
절로 벙그는,
그대

물의 비밀

바다에서 치밀하게 치솟아 오르는 파열음
강은 비늘이 되고 저수지가 되고
결국 바다가 된다
골격이 튼튼한 밑바닥부터
내 옷자락을 적신다
그 바다에 배 하나 띄워
단단한 일용할 양식을 걸러낸다
듬성듬성 매달려 온다
무게 때문에 견디기 힘든 가분수형 꼬리지느러미
빛나고 윤기 나는 흰 하루가 매달려 온다
뼈의 그물에 걸린
단단한 턱뼈를 키우고 있다
소금기 밴 소매를 훔치며
수면까지 등뼈를 밀어 올린다
어금니를 아래위로 부딪힐 때마다
억압의 무게는 뼈를 만들고
은비늘을 털어내자 물의 뼈들이
짓누르는 압력 때문에 튕겨 나가
짭조름한 입자가 된다
천 년 전부터 차곡차곡 겹고 끈적하게 쌓이던
흘러가면서 뒤틀린 뼈들이

해방촌

여기선 몇 번 길을 잃었다
처음 서울 길에 아버지는 종조할아버지 계신
좁은 골목을 몇 번 돌아갔는지조차 기억하기 힘든
축대 높은 집에 나를 남기고 고향으로 가셨다
오토바이 사고로 돌아가신 명일이 아재 방에 박혀
빛바랜 무협지를 몇 번이나 읽다가
남산을 올랐다
닥지닥지 붙은 집들을 돌아 허리를 숙이고
골목을 몇 번이나 돌아야 했다. 자주 길을 잃었다
대문이 없는 집들 때문에 방향을 놓치고
골목 한쪽 벽에 기대서면 젊은 아낙이
젖은 계단 두드리며 옆을 지나쳤다
주름처럼 아래로 흘러내린 시멘트 길
오래전부터 금이 가 있었다
청계천을 나갔다가 허름한 극장 앞 골목길에서
낯선 서울 애들 여럿한테 돈을 빼앗겼다
수학 공부 대신 종점에서 종점까지 서울을 공부했다
서울 애들 수학시험 문제는 건널 수 없는 강이었다
해방감을 느끼려 쏘다니던 미로 같던 골목
끝을 찾았을 때
미련 없이 시골로 내려왔다

겨울 갈대

꽃술 떨어져 질척한 자리
대궁이 어질어질해질 때까지 흔들렸다
몸이 자꾸 푸석해지는 밤
몽글몽글한 핏덩이가 흔들려
바람이 이리저리 헤집으면
봉합되는 겨울은 저녁이면 더 추워졌다
봉합되지 못한 수술자리가 아려왔다
빈 모가지를 스쳐
살점 지천에 흩어져
안으로 꽁꽁 실밥을 묶는 갈대들
앙상한 손이 빠르게 허공으로 지나갔다
저 갈대처럼 물가에 서성이며 흔들리다가
여기까지 왔지
흔들린 만큼 붙잡으려 안간힘을 쓰고

이문동 버스

지워져 간 시간을 일깨워 준건
이문동 버스였다
굴다리 지나치면서
모퉁이에 선
꽃집 파라솔을 슬쩍 흔들었다
그 꽃
가물해진 기억 하나가 툭 피어났다
흐려져서 사라져버린
공간 하나를 끄집어냈다
얼마 남지 않았어
쓸쓸히 웃음 짓던 그 친구
가슴이 서늘하도록 섬뜩해졌다
버스 지난 궤적을 따라
굴다리가 휘어졌다
기억해야 할 무엇이
꽃향기를 지나 아프게 다가왔다

폐타이어

평생 달리고 싶었네
햇살을 튕기며 굴러왔네
바람보다 더 빨리 달려왔네
그 튼튼하던 이빨도 무너지고
잇몸마저 축에서 멀어져갔네
헐거워진 가슴에 흙 비늘을 채우고
높은 산비탈까지 기어올랐네
한 번도 그대를
찬찬히 바라볼 수 없었던 날들
평생을 길 아닌 곳으로 가지 못했으니
스스로 낮아지려 어깨 구부리고 살아왔으니
죽어서 등짐에 실려
산 중턱으로 높이 올라앉았는가
아직도 새벽 공기를 가르며
어느 비탈길 달리는 꿈에 젖어 있는가

갯벌에서

굽은 허리 위로 툭 튀어나온 뼈들

그리 가라고 앞세웠던

내 등짝은

너를 보았다

덧씌워 완곡한 곡선, 파도를 쓰다듬고 있다

잔 고랑처럼 얽히고설켜

언저리에서만 서성이는

묽은 주름이 되고

오래 쪼그리고 앉아

진득하고 거뭇한 물그림자

제2부 달맞이꽃

말에 대해

기운 기둥을 받치고 선
기울어진 말이 퍼져나가면서
꼬챙이가 된다
날카로운 화살이 되어 박힌다
등을 관통하며 목을 꺾는다
말꼬리가
말을 비튼다
셔터를 누를 때 비틀어지는지
시선은 똑바로 서 있지 못한다
작은 곳을 통과한 빛은 짧고 강하게 튀어나와
지붕도 기울어진다
천장이 자꾸 삐딱해진다
탑이 삐뚜름하다
그래서 햇살은
틈 메우기에 분주하다

고산서원

글의 행간으로 숨어들었다
글자를 짚어가며
꼬리를 잘라내는 데 너무 오랜 시간이 필요했다
더 잘라낼 무엇이 없어지고
되새김질하며 글 읽는 소리
먹이를 주지 않아도
몸체만 남은 물고기들이 숨을 멈추고
바위 그늘에서 절로 사는 법을 익히고
바람 소리만 들리는 밤이 오래 이어졌다
비늘을 접은 곳
백 년도 넘게 잠겨있던 절벽의 뿌리
빈 대청마루에 앉아
행간을 읽었다
책을 덮자
지느러미가 사라졌다
서원 뜨락 가득
붉은 목백일홍
절로 벙글고 있다

겨울나무

가장자리는 늘 손이 시리다
겨울은 어쩔 줄 모르고 깊어가고
경화증에 깊어지는 물관들
긴 겨울 동안 스스로 몸을 흔들며
드러난 곳마다 생기는 옹이
말간 하늘에 등을 대고 선다
살아있음을 확인한다
시린 이빨 부딪히는 소리가
저린 팔뚝으로 실핏줄이 드러나는 겨울 오후
피들은 심장에서 멀어질수록 농도가 옅어진다
흔들어서 추위를 덜어내는 가는 가지들
희고 아린 배경이 된다

흰 탑 아래 서다

아래로 탑을 쌓는다

정방형 모서리에 쌓인 눅눅함
가끔씩 몸 흔들어 털어내는
하얀 덩어리가 힘겨워 보인다

배롱나무들
흐려진 가지들 서로 기댄다.
비스듬한 바닥을 짚고
스스로 가지를 세워 그림자가 된다

그렁그렁 눈이 아래로 쌓여가면서
막울음 쏟아내는 소리 고인다
탑의 그림자 천천히 녹아가고
땅속 깊이 숨어드는
저 탑의 그림자
늘 안개에 젖어 사라진다

엉겅퀴꽃

강으로 내려가는 작은 통로에
가슴속 물꼬를 튼다
기록해둔 장부에 너의 이름 사라지고
남은 꽃대에 이름을 붙여둔다
다시 그곳을 볼 수 없을 줄 알고
별이 된 꽃이 있다
보랏빛 이름들이 무수히 떠다니고 있다
비수처럼 떠다니는 물 파랑들이
성벽을 향해 일제히 매달리고
새벽별들은 모두 이 강에서 나와
호로고루 적벽 위에 처연하게 선다
오래 집을 떠난 이역 병정의 눈물 묻은 잎
은하수가 은밀하게 내려와 등을 후려친다
핏덩이를 쏟아내고 잠겨간 젊은 목숨들

바닷새

역광으로 보면 더 잘 보인다
늘 앞에서만 너를 바라보다가
홀연 반대편에서 보이는 너는
물 위에서 바다 위에서
저 태양의 뒤편에서 묵묵한 너를
보는 것만으로도 충분하다
오늘을 위해 노를 젓는 사람이
팔뚝의 검은 그림자를
바다 가운데 높게 세워둔 자리
그 빛의 무게를 따져
바다에 내린
둥둥 떠 출렁이는 너
역광이어야 잘 보이는 날갯짓
작은 떨림으로도 너는 늘 멀리 날아간다

대저울

달 수 있는 모든 것은 수평 눈금에 매달렸다
나도 무게를 달아 본 적 있다
대롱거리는 저울추가 춤을 추었다
이제 시골 추녀에 걸려서
굽은 고리 녹슬어 가고
손잡이는 삭아간다
듬성듬성 붉은 반점 박힌 시간의 무게
반짝이던 대의 중심
저울추는 어디로 갔는지
손때 묻은 막대기만 남아
빈집을 가늠질하고 있다
기울어지려 뒤뚱거릴 때
수평을 잡으려 젖은 어깨를 세워본다
한쪽 기둥이 먼저 허물어지려 할 때
안간힘을 쓰며 핏대를 세워 견디다가
붉은 녹이 슨 이유를 이제 짐작할 것 같다
떠돌다가 돌아온 고향집
나를 달아주던 아버지, 어머니도 떠나고
어깨가 낮아지고 나니
이제 나는 어느 모퉁이에 걸려야 할까

고욤나무

헐린 집터 한 켠
감나무를 심었는데
추위에 얼어 죽고
죽은 줄 알았던 감나무 뿌리에
고욤나무 새싹이 돋는다

겨울 칼바람에
기억을 난도질당한 때문일까
죽은 줄기보다 더 많은 새싹이 돋아난다

내 그리움은 자라다 죽은
감나무 마른 줄기에 걸려 펄럭이고

작고 뾰족한 고욤나무 가지
칼날처럼 하늘을 찌르고 있다

제육볶음

눈여겨 봐둔 학교 앞 작은 식당
칠십의 노부부가 시장기를 내민다
무엇에 방점을 찍을까
절로 힘이 실리는
도마 두드리는 소리
허기는 절반쯤 토막토막 다져진다
구부정한 기다림을 열고
큼직한 대접에 공손한 제육볶음이 나온다
모락모락한 밥 한 공기
고향에 혼자 계신 어머니
모락모락 피어난다

수종사 은행나무

대웅전에서 새어 나온 목탁 소리
자주 강 아래를 굽어보다가
절로 목이 휘어진다
바람은 헤집으려 하고
줄기는 버티려 하고
그림자를 씻어 내리는 길
팔을 뻗어도 절 마당까지 닿지 못하고
불이문 밖에서 서성인다
읽은 불경들이
노을에 반사되어
노랗게 탈색된다

고일* 느티나무

발돋움으로 나무 끝을 잡던 아이는
먼 나라로 떠나 다시 오지 않았다
이름도 희미해지고
느티나무 두 그루만 마주 앉아
서로 등을 긁어주었다

오며 가며 어루만지고 건네주던
정자 기둥도 천천히 삭아가고
골목 담벼락 낙서도 햇빛에 바래어갔다

지쳐 허리 굽혀 누운 날
흰 상여 하나 바람결에 다가오면
꺾인 관절 마디 풀어가며
호수 옆 무덤으로 천천히 따라간다

* 경상북도 안동군 고상면에 있는 시골 마을

기차를 기다렸다

붉은 목백일홍 찾아가는
멀고 먼 길

잊히고 싶지 않아
그 벤치를 찾아갈 거라 했다
몇 시간에 한 대 오는 시골버스를 떠나보내고
오지 않을 기차를 기다렸다

지도에도 없는 시간을
찾아
먼 길을 돌아갔다

안테나

빈집 지붕에 촉수 하나 남아
간혹 바람에 흔들려 뒤뚱거리지만
흐린 별빛 따라 주파수를 돌리며
새벽까지 방향을 틀어 세상의 소리를 찾는다
집주인이 다시 돌아올 가능성은 없고
슬레이트 낡은 바닥이 지지하는 축은
늘 지상보다 높다
바람에 날리는 풍문이 걸리지 않는
낡은 그물 한쪽은 이미 뚫려있다
습하고 눅눅한 곳을 가늠할 뿐
추억을 걸러내는 촘촘한 손길

여태 작동 중인
시간마다 감지되는
오늘의 뉴스
떠난 주인은 돌아오지 않는다

달맞이꽃

백일장에 나갈 때면 학교에서 자장면값을 주었다
시 몇 줄 산문 몇 장
영호루 누각 밑에서 갈겨 써내고
구시장 중앙통 중국집 이 층에서
허겁지겁 먹어 치우던 두툼한 면발
삐걱거리는 계단을 내려와
강둑을 걷다 보면
달맞이꽃 대궁을 열고 강물 소리가 쏟아졌다
물소리 귀를 가득 채울 때까지
강둑에 앉아 달이 뜨기를 기다렸다
강물 속으로 달무리가 천천히 빠져들고
온통 어둠뿐인 길
노란 달맞이꽃이 환하게 피어났다

낮달

차창 너머
낮달이 따라온다

한티재 지나 뙈기 논
설익은 벼를 베러 고개 넘어간 날
아침 햇살도 낫질과 함께 베어졌다
수북하게 누운 벼들
그림자에 낫 자국이 찍혀 있었다
낮달은 흰 눈썹을 달고
마른 산을 내려보며 더디 지나가고
어린 미루나무
바람에 허리를 비틀며 휘청거렸다
한나절
목쉰 벼를 다독여 베고 나서야
아픈 허리를 폈다

구부정해진 목 언저리
뒷산 소나무처럼 툭툭 불거진다
오래 바람에 시달린 그림자
몸 안으로 들어와 먼저 자릴 잡는다.

별의 허물

몇 번이나
첫 줄을 썼다가 지운다

이른 새벽 골목길을 돌아가다
밤새 별들이 벗어놓은
차르륵 소리
허물의 표면을 그제사 쓰다듬는다
촘촘한 결정체 너머
몇 개 주워 담아 온
장축의 타원형 더듬이들
가느다란 촉수를 뜯어
터널 속으로 풀어 놓는다

몇 줄 시들이 꿈틀대다가
하얗게 탈색되어가고
아직 못다 쓴 첫 줄
가슴을 얽어매고 있다

하회탈춤

선혈 뚝뚝 떨어지는
싱싱한 소의 염통 부위를 도려낸다
단숨에 배를 가르고
아직도 툭툭 손등을 두드리며 뛰는
살아있는 심장을 꺼낸다
뭉툭한 칼등 너머
양기 부족한 양반의 저녁상에 올려줄까

저 백정 손놀림
선지 핏자국
도려내는 대로 몸의 중심부가 해체된다
묵은 체증 사라지듯
체면이고 뭐고 마구 잘려나간다

히죽 웃는다
염통이 희뜩 번뜩이며 눈을 부라린다
펄떡이다가 숨을 멈춘다
"이놈 보소. 아직도 살아있네."
소가 벌러덩 바닥에 드러눕고
소의 눈이 점점 감겨간다

징징징징
심장 소리 대신 징 소리가 울린다

안동 장날

국숫집 탁자는
점점 붉어가고
소금 뿌려진 간고등어
푸른 등짝을
벌건 숯불이 탁탁 쳐올린다
닭장 옆에서 깨금발로 서 있는
파장 부근에도 팔리지 않는
흰 강아지 한 마리
겁먹은 얼굴에 눈이 자꾸 간다

어병이요

입향조 선조는 중종 때 사화를 피해
한양에서 먼 이곳까지 도망을 왔습니다
그 달성서씨 가난한 집안
냄새나는 재래식 촌 뒷간을
이래저래 고쳐 보려는데
"아서라 뒷간은 손대면 안 된다."
증조할머니가 손사래를 칩니다
꼭 고치려면
뒷간 앞에 이렇게 써서 붙여라
어병이요
어병?

증조할머니가 돌아간 뒤
뒷간 삽짝에 붙은
어명御命

이제야 겨우
뒷간이 수리되었습니다

살구나무, 누워버렸다

오래 비워 둔 집에 살구나무 한 그루
화사한 꽃을 피웠다
노인회관 가던 노인들이 가던 길 멈추고
허리를 펴며 쳐다보았다

보리가 익어가면
살구도 누렇게 익어갔다
노인들 손 닿는 곳에 달린 몇 개는
채 익기 전 없어졌지만
대개는 익어 떨어져
길 위는 누런 살구 천지가 되었다
성한 몇 개는 노인들이 주워가고
나머지는 밟히고 으깨어지곤 했는데,

그해 겨울바람 세차게 불던 날
잎 떨어지고
밑동 잘린 살구나무
마당 가운데 길게 드러누워 버렸다

헛묘

할미꽃 한 송이 헛묘 봉분에 피었네
산 새 한 마리 날아와
헛것 헛것 소리 지르네
비어 있어
비어 있어
젖은 날개 배롱나무 가지에 앉아 접는다
기어이 거기까지
헛쭉 헛쭉
봄마다 울어 목이 쉰다
푸르죽죽 물 먹은
풀 무성한 봉분

올봄에도 빈 무덤에
할미꽃 꼬부라져 핀다

할머니 오일장

귀퉁이 허물어져 먼지 쌓인
구 베전 골목
꽁꽁 싸맨 보따리를 풀자
검은 콩, 참깨, 들깨들이
긴 날숨을 쉬며 고개를 내민다
절망뿐이라 생각하였을 때
이 자리에 앉았고
더는 갈 곳이 보이지 않았을 때
기다릴 곳이 되었다
살아간다는 것은
장날을 기다리는 것처럼
늘 포개고 쌓고
단단하게 동여매는 반복
접고 풀고 난 포대를 깔고
오래 기다릴 요량을 한다.
몇 장 지폐
주머니에 꼬깃하게
접어 넣는 늦은 오후
푸릇한 장날이 저물어간다

붉은 뱀

붉은 바람이 휩쓸고 간 저녁
독 오른 뱀들이 하늘로 곤두선다
일렬로 선 비늘
하늘을 삼킨 입
검은 반점들이 퍼져
강은 들썩이며 몸부림친다
물고기 펄떡 튀어 오르고
견디지 못한 강바닥, 솟아오른다
저 붉은 이빨 잠긴
진한 중독
몸을 비튼다
날카로운 칼을 비껴
훑어내리면
딱딱한 강변 물수양버들
쉭쉭 소리를 내며 혀를 날름거린다
어둑하여 서늘한 수면
일제히 곤두박질치는 붉은 뱀들
점차 문드러지며
질펀하게 쏟아져 강이 된다

조자앉다*

대물림할 것이 없어서
저렇게 앉는 법을 남겼다

허공이 의자다
뜬 엉덩이
젖은 곳에 앉아도 젖지 않는
비탈밭 매던 그 자세
아궁이 앞에 앉아
나뭇가지로 밥 짓던 그 폼새

달아나기 좋은 자세다
얼른 일어나서 도망가기 딱 좋은
시어머니 앞에서 며느리가
퍼질러 앉지 못하고
마음 편히 살아오지 못한
어정쩡한 자세다

저리 앉아야 산다

* 조자앉다: 경상도 사투리, 땅에 무릎을 굽히고 앉되 엉덩이는 땅에 닿지 않고 쪼그려 앉은 모습.

길의 끝

그만그만한 새벽
미명 속에서 새길 찾았다
길이 멈춘 곳 어딘가
열어야 할 문 하나가 숨어있었다
거기가 끝은 아니었기에
가다가 멈추어 뒤를 돌아보았다
누군가 문 하나를 달아두고 열지 않았다
문고리가 없었다
끄트머리에 서성이는 습관처럼
멈춘 자리에서
앞으로 기울어지는 몸짓을 연습했다
끝장을 봐야 비로소 열리고
문을 열지 않아도 환하게 드러나는
물의 살결, 물살이 보였다

삭정이

성한 곳을 내리친다
내성이 길러진 껍질은
살점 하나 정도는
허락할 수 있다고 주장한다
비탈에 선 소나무
온전하게 설 수 없음으로
수시로 몸을 곧추세운다
노을을 당겨 하루를 기록하던
부러진 나뭇가지는
기대오는 사람에게
좁은 등 한쪽을 밀어
지친 사람의 받침대가 된다
무릎 아래를 도려내어
헐벗은 사람의 땔감이 된다
시린 등짝을 데울
불쏘시개가 된다

하류에서

강바닥의 흙

어두운 곳에서도 잘 쌓인다

물 틈새 어둠도 그쯤에서 손을 내밀어

물 위의 노을

물 아래의 어둠 뒤섞는다

길을 찾아 나섰다가

더는 가지 못하는 막다른 곳

여기서 더 기다리라 알려온다

콩 담은 깡통처럼

가슴 환하게 열고 마음껏 너를 안는다

깡통은 마음씨 좋게 묵은 연인

너를 안은 날은 종일 너의 냄새로 넉넉하다

넉넉하게 가슴 열어준다

버리고 나니 넉넉해진다

오일장 날

콩 담은 날은 콩 냄새로

할머니의 벗에게 활짝 웃어준다

제3부 그리운 사람 하나 제주에 심듯

늙은 동백나무

로터리 옆 신호등 앞에서 이웃집 할머니를 만난다. 거기 오래 서 계셨구나. 어린아이 손을 잡은 여인 하나가 할머니 등 뒤로 선다. 바람이 오고 꽃 한 송이 떨어진다. 구겨진 꽃 위로 오롯이 새 꽃송이 하나 얹힌다. 할머니 옆으로 다가서는 젊은 여자. 신호등은 바뀌지 않는다. 동백나무 그늘로 아이가 들어선다. 할머니 굽은 등에 내리는 햇살, 주름이 더 깊어 보인다. 태풍에 찢어지고, 부러지고, 등짝에도 상처가 난다. 찢긴 잎 사이 붉고 작은 등 몇 개 걸려있다. 붉은 신호등이 나무 등줄기에 매달린다. 세상이 잠시 멎는다.

당일바리 1

그 날 그 바다 그 폭풍우
낯익은 스티로폼 상자 하나 거기 떠 있었고
목이 터져라 불러도
눈이 튀어나오도록 부릅떠봐도
배는 다시 떠오르지 않았다
어디, 어디로
넉넉하고 깊은 바다
밤새 낚아 올린
그 상처를 넘어
불러도 불러도
검은 바다 깊은 바다

바다 쪽으로 눈길을 돌린다
바다 편으로 가슴을 열어둔다

마라도

소똥 말똥도 여기서는 약으로 쓴다

마른 똥으로 밥을 짓는다

마지막까지

제 몸 태워

따스한 밥 한 끼 내어주고 가는

바람이 구워낸 소똥 말똥

모란 동백

성산일출봉 앞 갤러리 제트는 문이 잠겨 있었다
벽에 붙은 시화전 안내 종이
반쪽만큼 햇살이 들고
돌아설까, 말까
온 길이 아쉬워 몇 번이나 문을 두드렸을 때
이제하 시인이 문을 열어주었다
뜯지 않는 과자들과 붉은 방울토마토
탁자 위에 가지런하게 놓여있었다
모란 동백은 내가 영남이한테 준 것이여
이제하 시인의 말이다
이십 년도 넘었을 동백나무에 꽃이 피었다
이른 꽃은 더러 지고 간혹 멍울이 맺혀있고
미리 핀 꽃들은 툭툭 떨어져 그날 밤 나무 아래
붉은 피로 흥건하게 젖었다
귤밭 언저리 목 잘린 주검들
떨어져서 겹겹이 쌓였다
한걸음 물러선 푸른 잎들
그늘을 지나 그늘로 걸어가고
노시인의 눈빛으로 붉은 핏줄이 설핏 지나갔다

별섬

떠밀려서 섬이 된 사람 하나가 있었지

섬이 섬에게 말 건네는 밤

섶섬
문섬
        범섬

별이 많은 밤이었지

바다가 너무 어두워 연신 흰 어깨를 세웠지

짐짓 시치미를 떼며 돌아앉는데

등짝에 찍힌 퍼런 손자국 하나

동백꽃은 보이지 않고

동백꽃 보러 위미 간다
점점이 바닥에 떨어진 붉은 핏자국 따라
동백꽃은 보이지 않고
동맥에서 흘러나온 선혈만 낭자하다

매운바람에 떨어진 모가지들
힘겹게 붙잡고 있던 손아귀의 힘 다하면
나사 풀린 돌쩌귀처럼
헐렁한 바람이 된다

아린 동백은 보이지 않고
천 개 만 개
붉게 피멍 든 자국만 시들어간다

부시리 부실이

고향 친구들이 서귀포로 왔다
보목포구 횟집 창가에 옹기종기 앉아
주인장 얼굴을 살폈더니
부시리가 제철이란다
부시리? 부실이!
찬 바람 부는 지금, 쫄깃하게 기름 오른 부시리
지금 가장 맛깔납니다
붉은 기운 도는 살점들 가지런하다
일제히 젓가락을 들어
회 한 점 입에 넣고
지리 국물로 입을 헹구고
부실을 떨쳐버렸다고 소릴 지른다
부시리를 먹고 부실함을 달래주는 바닷가
고향 친구들 모두 몇십 년 전으로 돌아갔다
서귀포에서 우리의 이야기는 익어가고

어떤 퐁낭

퐁낭* 한 그루
블랙홀 같은
주머니를 매단다
암호를 풀어야 열 수 있다
저문 밤중
허연 등 드러내고
흔들리고 서럽고 안쓰러운
아우성 속 꺾여진 가지
흰 등뼈 드러난 허파
줄기만 아프게 남아 부서지는
한 뼘씩 낮게 숨 고르는 새벽
주머니가 꽃비처럼 매달린
만장처럼 펄럭이는 가지들

* 팽나무의 제주어

애기동백 1

상처 아물기도 전
다시 허물어지는 꽃을 보았나요
아린 상처라 아물기도 쉽겠다지만
낱장마다 긁힌 자리
어찌 쉬이 아물겠습니까
이전에도 모르지 않았으나
송이송이 모가지 부러지는 저 목숨
그렇게 모질게 버티다가
한순간에 훌쩍 뛰어내리네요
동그란 모습
뛰어내릴 준비였네요
줄줄이 서서 차례를 기다리는
겹겹이 목숨 쌓아 붉은
아린 상처마저 다시 상처가 되는
허공에 펄럭이는 저 아득한 손짓

애기동백 2

붉은 낱장으로 무덤을 만듭니다

발아래 지천인 붉은 음표
바래어 부서질 때까지
바람은 불어오고 또 가고
붉은 햇살은 와서 또 가고
봄이 오려나 등 가려운 대궁들
한 발은 겨울에 걸치고
한 발은 봄 자락을 붙잡고
피멍 든 자리 꽃술이 아립니다

발 디딜 자리가 있거든 동백을 심으세요
붉은 완장이 필요하면
저 나뭇가지 꺾어다가 둘러보세요
지천에 꽃 떨어지면
서럽게 살다간 우리 삼촌
그 습기 머금은 어깨 두드려주세요

당일바리 2

묵은김치에 버무린 갈치
묻은 흙 대충 씻고
접시에 젓가락을 가져간다
생전 처음 먹어보는 묵은지 갈치회
횟집에서도 먹지 못하는
당일바리로만 만들 수 있는 거여

밤새 작은 배로 갈치를 낚은
굵은 힘줄

나는 자주 먹어요

젓가락으로
하얗게 밤을 새운
은빛 갈치 한 마리 낚아 올린다.

당일바리 3

서귀포 향토 오일장은 4일과 9일
어물전에서 고등어를 본다
탱탱하게 살이 오른 여섯 마리
만원이우다
당일바리우다
금방이라도 좌판에 등을 '탁' 치며
벌떡 일어날 것 같은 푸른 등
조림용으로 손질해 주세요
대가리는 가져 가쿠과*

아내가 끓인 고등어찌개
나는 몸통 두 개를 먹고
아내는 대가리와 꼬리 부분을 먹는다

대가리가 역시 찌개 맛을 제대로 내는가 봐
어두육미가 빈말이 아니네
아내가 넌지시 말을 한다

* '가져가실래요'의 제주어

보목포구

뱃전에 묻은 파도를 파도로 지운다
힘을 쏟아 문질러도 파도는 여전히 파도로 남고
해 떨어지는 포구
즐비한 비늘을 거둬들인 뒤
부려진 뱃전에서 걸어 나와 횟집으로 가는
어부 김 씨
자리 물 회 한 그릇에 소주 한 병
물 반 무 반 제피* 몇 잎
쌉싸름한 맛
온 입안이 얼얼해진다

지느러미 잘린 자리돔 등을 타고
포구 앞바다가 절로 출렁인다

* '초피나무'의 제주어

자구리

너를 만나러 가는 날은 언제나 아득하게 푸르다
친구야 이제 돌아오게

밑바닥까지 드러난
지느러미 흰 고기들아
작은 게들은 어디로 갔나
중섭의 미술관 벽까지 기어가 찍힌 발자국

종일 술래가 되어
작은 돌 아래 숨겼던 집게를 접고
은박지 위에 앞발을 포갠다

너무 푸르러서 눈을 감아야 보이는 바다
너무 맑아서 가슴까지 차오르는 바다
오늘은 바람조차 없으니
나도 바다가 될까

그리운 사람 하나 제주에 심듯

듬성듬성 황토가 떨어진 골목에는
진저리치도록 아린 바람이 서성이고 있었습니다
물 맑은 개울 건너 마을 초입에 서서
오고 가는 사람을 바라보던 쌍 느티나무
그 날도 멀어져가는 그림자를
아득히 보이지 않을 때까지 고개를 들어 보았습니다
잊는다고 잊히는 게 아닌 세상에서
또 다른 세상의 바다 건너까지
느티나무의 전언을
그 숨결을 전해 주었습니다
언제 돌아와도 묵묵하게 손 내밀어
풍성하게 그늘을 만들어주며 쉬라던
고일 느티나무

그 느티나무의 마음으로
여기 따스한 보금자리를 준비합니다
햇볕 따가운 여름날은
세상의 든든한 그늘이 되고
바람불고 추운 날은
한없이 따뜻하게 불 밝히겠습니다
희망의 잎들이 돋아나는
생명의 진원지가 되어

포근하고 정겨운 어머니 품 같은
왔다가 돌아서면 또 찾고 싶은
넉넉하고 푸근한 등이 되겠습니다

그리운 사람 하나 이 제주에 심어
날마다 아름답게
새록새록 싹이 자라고
그리하여 세상의 풍성한 그늘이 되고
바람막이가 되는
사랑의 파크션샤인제주가 되게 하소서

* 파크선샤인제주호텔 개관 축시

제4부 푸른 신호등

첫눈 위 발자국

봄까지 저 눈 녹지 않는다면, 병원에 누워 계신 어무이도 늦봄까지는 살아 계실 겁니다. 물기 촉촉한 눈가로 안개가 자꾸 피어오르고, 맑던 눈빛은 흘러내리는 첫눈처럼 절로 뿌옇게 됩니다.

평생을 참고 지낸 눈물, 차마 쓸어낼 길 없습니다. 일생 밭에서 고랑을 일군 손등같아 차마 빗자루질을 할 수 없습니다. 오래 두고 보면서 절로 녹아내릴 때까지 가슴에 담아두고 싶습니다.

새벽답에 도착한 고향집 마당, 발자국 가지런하게 찍혔던 것을 보았습니다. 몇 번을 마을 어귀까지 나왔다가 돌아간 그 발자국들. 첫눈이 오면, 그 꽃잎들이 하늘에서 다시 내려오겠지요.

오월 이후, 한 번도 땅에 내딛지 못하고 누워만 계신 발자국 보고 싶어, 오늘은 병상에 누운 작고 거친 발, 몇 번이나 천천히 쓰다듬어 봅니다.

요양병동 5호실

틀니마저 빼고 나서 어머니는
황도를 자주 찾으신다

요양병동 5호실 문을 열었더니
낯익은 간병인이 말을 건넨다

어제는 할머니가
밤새 복숭아를 줍는 꿈을 꾸었대요
그러더니 오늘은
아들이 복숭아를 가져 왔네요

황도를 입에 넣고 오물거리는
어머니 이름은 황도 영

뭉그적뭉그적
스스로를 삼키고 계신다

끊어진 빨랫줄

기억의 옆구리가 터지면서
어머니의 상상력은
산을 넘고 홀로 강을 건너가신다
이야기 끝을 애써 따라가니
바로 옛집
이미 헐려버린 집, 빈자리
더 멀리
더 빨리 달아나기 위해
안간힘을 쓰고 있다
앞서가면서도 더 빨리 걸어가고 있다
이야기는 초점을 흐리며 곤두박질치고
메마른 목을 감아쥔다
허공에서 맴돌다가 내동댕이쳐지고
보이지 않는 곳에서 나를 부른다
캄캄한 외계와 신호를 주고받는다
끊어진 빨랫줄
마당에 널브러져 있다

푸른 신호등

요양병원에 계신 어머니는
휠체어에 실린 채 산책하거나
휴게실에 마주 앉아
쳐다보는 걸 좋아했지
푸른 깃발이 창가에 흔들리는 걸
잘 기억하고 있었어
묻지도 않았는데 간호사가
할머니가 자꾸 이상한 말을 해요
어머니가 이야기하는 건
꿈속 같은 미래를 이야기하기 때문
푸른 꿈을 말하는 입속에서
소상한 잎들이 자라나고 있었지
그래서 어머니의 손은 잎맥처럼 다 푸르러지고
노란 아령으로 운동을 하거든
잎들이 가지에서 펄럭일 때
잎맥들을 통해 맑은 피가 흘러나오는지도 몰라
저 길 너머 푸른 신호등
휠체어를 밀고 가는 한 할머니
어머니, 저 길 끝에서 푸른 손을 흔들고 계시네

푸른이라고 하면서 늘 녹색을 생각하지

치매의 시간

"저 방 가서 옷 좀 갈아입으련다
내 붉은 옷 가져오너라"
어머니가 자꾸 보챈다
여기는 병원이고요, 병원에서는 병원에서 주는 옷을 입어야 해요.
"아름마 감호댁이 어제 와서 작은 그릇 하나를 놓고 갔지 아마"
또렷했다가 다시 흐려진다
기억은 줄다리기를 하면서
왔다가 다시 돌아간다
어머니의 남은 시간
저리 흐리다가 맑다가를 얼마나 반복할까

치매

"이래 와줘서 고맙니더"
요양병원에 누운 엄마가 건넨 말이다
온전할 때는 한 번도 입 밖에 낸 적 없던
그 짧은 한마디
서울로 돌아오는 버스 내내
혀를 찌르는 가시가 된다
양재부터 밀리기 시작한 버스
숱한 단풍 버스로 전용차로가 더 밀리자
기어이 버스는 차선을 바꾼다
어머니의 기억도 간혹
전용차로를 달리다가도
끝내 차선변경을 하고야 만다
"아직 가야 할 길은 멀어, 엄마"
저문 노을빛을 등으로 받으며
고속버스는 쓸쓸히 빨간 경차 뒤에 서 있다

붉은 대추

시골집 마당귀 대추나무 아래서
붉은 대추 한 봉지를 주워온 날
커피포트에 물을 넉넉히 붓는다
가르릉 소리를 몇 번 내고
대추는 물속으로 곤두박질친다
단맛을 우려내기 위해 안간힘을 쓴다
구르다가 상처 난 자리
붉은 즙이 배어 나오고
퉁퉁 불어 간다
몇 번을 우려 단맛을 뽑아낸다
더는 우려내고 빼낼 것 없는
어머니의 작고 쪼그라진 몸
삐걱거리다가 겨우 모로 눕는다
마디마다 녹아내린 연골
이음새 지나 등을 받쳐주던 등뼈
더 우려낼 것이 없다고 아우성이다
말간 물만 채워지는 흰 잔
단맛도 쓴맛도 없다

나비

어머니, 나비가 되세요
훨훨 날아 어디라도 날아갈 수 있는
작아도 노란 날개를 가진 나비가 되세요
푸른 하늘로 올라
구름 위에도 앉았다가
고향 마을 밭둑
눈 익은 망초꽃 위에도 앉아보고요
날마다 지나다니던 채전 밭
유채 노란 꽃에도 앉아보세요

그림보다 그림같은 보리

아 글쎄 어머니
“힘든데 왜 보리를 심었어요.”
“몇 줌 있어서 밭에 뿌렸더니
저리 실하게 크는구나“
잘 드는 낫 한 자루를 사
그 보리 베어 묶어 말리면서
다시 다짐을 받습니다
“저 무거운 보리 찧는다고
절대 방앗간으로 가져가지 마세요.”
그랬더니 그러시네요
“찧기는 뭐 할라고
그냥 엿기름 해 먹을란다”

보리가 익을 때

보리대궁 속으로
까실하게 소름이 돋는다
어딘가 붙어 다니기 힘든
가늘고 날카로운 촉수를 밀어내려
안간힘을 쓴다
팔십삼 년 동안 버팀목이던 척추
더는 견디지 못하여 휘어지기 시작한 날
어머니는 결국 지팡이를 짚기 시작했다
빗장 하나를 덧대어
우둘투둘한 돌기들이
우둑우둑 뼈를 삼켜가는 동안
마지막 잡은 낫자루 쪽으로
무딘 밑동이 나동그라진다
농익은 보리 대궁들이
푸석거리며 객혈을 하고 있다

목련

공동묘지에 계시던 큰어머니

공동묘지 능선 자락에서 옮겨와

아버지 무덤 곁에 나란히 묻었다

나무 아래 목련이 겹겹 쌓이고

묻힐 자리 하나 챙기지 못하고 지는 꽃잎들이

그 나무 아래 무덤을 만들었다

큰어머니 뼈는 목련처럼 하얗게

흰 꽃이 되어있었다고

나무 아래 수북이

두툼한 뼈들이 겹겹 쌓이는 봄날,

와송

낡아 쓰러진 그늘을 딛고
삭은 기와 자락에 뿌리를 내린다

평생을 호미질 낫질로 익숙해진
어머니의 척추는
오른편으로 돌아 몸을 틀어가고 있다
바로 세우는 일은 생명의 틀을 꺾어가는 것
그래서 늘 몇십 도를 틀면서 걸어간다
삭아가는 비스듬한 기와에 뿌릴 내려
절로 관절이 삐뚜름해진다
비틀려 있어야
오늘을 지탱할 수 있는 익숙한 뼈마디

어머니는 가을볕으로
기울어진 척추를 바로 세우려 한다

달빛 상여

그날도 오늘처럼 추웠지요, 아버지
그 새벽의 마지막 숨을 가쁘게 쉬며
이승의 끈을 놓으시던 날
아득히 먼 길을 굽어보던 눈빛
손으로 생의 끄트머리를 남기려
손바닥에 글씨 몇 자를 남겨주었지요
원림 그 산은 왜 그리 춥고 바람이 불던지요
아버지 타고 가신 상여를 불에 태우고
그 자욱하고 가벼운 연기가 사라질 때
하늘로 함께 타고 올라갔다가
햇살이든 별빛이든 아님 달빛이어도 괜찮고요
그 빛을 타고 내려와 비스듬히 기대어 보세요
낮은 산자락 해 뜨는 것을
밤나무 몸피 흔들리는 것을
억새풀 마른 등이 움직이는 것도
날마다 굽어보며 하루를 시작해보세요
봄이면 흐드러지게 흰 들꽃 무리지어 피는
그 산중턱
누워 계시다가 때로는 일어나 앉기도 하시다가
지나가는 계절도 쓰다듬어 주세요
아직 아리고 차가운 바람이 억새풀을 흔들지만
그 마르고 굳은살 배긴 손바닥으로 철썩

저 거칠고 굽은 등짝을 치면
봄은 그렇게 소리 없이 다가오겠지요
아버지, 언제 어디서나 그 눈빛, 따스하게 기억납니다

담쟁이덩굴

겨울 병동 담벼락에 달라붙은
마른 줄기 하나
창턱으로 고개를 내밀다가
흠칫 몸을 오므린다
병상의 어머니와 눈이 마주친다
앙상해진 눈빛
함께 말라가는 손
어떻게 이 겨울을 버티면
다시 덩굴에 푸른 기운이 돋아날까
어머니의 손등에도 힘줄 생겨
저 창 너머 무성한 잎으로 뻗어
저 침대 박차고 일어나
푸르고 푸르게 뻗어 나갈까

밥심

알아챘어야 했다
밥공기에서 밥 한 주걱을 덜어내자
그래 먹고 어에 사노
나보다 더 밥심을 이야기하던 게
그리 오래는 아닌데
듬성듬성 찾아간 고향집 부엌에서
알았어야 했는데
기어이 메마른 심신
스르르 힘이 빠진 다리
다시 일어서지 못하는 게 아닌지
단단하게 엮어둔 끈이 풀리는지
영 기력이 없어 보인다
둔해서 알아차리지 못하는 사이
너무 가벼워져 버렸다

앰뷸런스 푸른등

앰뷸런스가 푸른 등을 휘두르며
빠른 속도로 거리를 달린다

몸에 매단 두 개의 링거 줄
담보된 시간을 싣고 쾌속으로 달린다
등에 꽂힌 줄의 약방울은
최소한의 생명을 유지하며
심장을 향해 또박또박 떨어진다

질주, 또 질주
몇 장의 딱지를 뿌리며 생명으로 가는
이승의 저 다급한 푸른 신호

벌초

살아생전 타보지 못한
아버지의 무등을 탄다
어깻죽지에 슬쩍 앉아
아버지의 든든했던 등에 발을 걸쳐본다
둥그렇게 굴곡이 진 작은 오름을 지나
굽어진 허리께에서 팔을 멈춘다
찬찬히 굽은 등을 토닥거린다
그래, 시원하다 거기 조금만 더 두드려주렴
풀들이 우르르 밀려 아래로 떨어진다
흰 망촛대 꽃대궁도 갸우뚱 쓰러진다
아버지 지게에 가득 실려 오던 그 살 냄새
풋풋하게 날아오른다
하늘 거울에 얼굴을 비추어보신 아버지
어, 오늘 머리 참 시원하게 깎았다
오른손으로 스윽 손 빗질을 하신다.

| 해설 |

삶의 형식에서 발견한 시적 체험과 성찰

김나영(시인, 문학박사)

서정문 시인의 세 번째 시집 『지도에도 없는 길』을 읽는다. 이번 시집은 2시집 『푸른 날개』(1997년)이후 22년 만에 내놓는 시집이다. 늦어도 많이 늦었다고도 할 수 있다. 서정문 시인의 말을 빌리면, 2시집 발간 이후 삶의 전후방(?) 전전하느라 여념이 없었기 때문이라고 한다. 이처럼 서정문 시인은 삶을 전장戰場으로 비유하는 일이 매우 자연스럽다. 우리도 흔히 삶의 고단함을 전장戰場이나 전선戰線으로 비유하기도 한다. 하지만 서정문 시인의 경우, 한때 그를 지배하던 삶의 현장, 자체가 전장戰場이었다.

이를 증명하듯이 2시집 『푸른 날개』는 전장戰場과 관련된 체험이 뼛속 깊이 육화肉化된 시집이라 할 수 있다. 서정문 시인은 1980년 육사 36기 출신으로 2013년 육군 대령으로 전역했다. 그의 시인으로서 기질은 고등학교 때 드러낸다. 고향 안동에서 '맥향'이란 문학모임을 만들어 활동하면서 시화전, 문학의 밤 행사를 주관

하였다. 육사 졸업 시기에 첫 시집인 『화랑대』를 발간했고, 국방부 호국문예 시 부문에 응모하여 세 번의 수상을 할 정도로 그의 시적 감수성은 군사보다 더 용맹(?)스러웠을지도 모른다. '군인'과 '시인', 도무지 어울릴 것 같지 않은 이 조합을 한 몸에 들이고 직업군인으로 살았다? 이쯤 되면 '육군 대령 서정문'은 직무를 게을리하고 '시인 서정문'으로 군에 기생(?)하거나 복무한 게 아니었을까, 의심이 갈 정도다. 하지만 이에 대해 책임 추궁도 할 수 없는 것이 『푸른 날개』에서 보여준 전장戰場 관련 시편들은 국방의 안위와 보위를 책임지는 책임자로서의 자세와 태도, 국가관 등을 깊이 있게 형상화하였다. 즉 직업군인으로서의 최선의 근무 상태를 시로 채록하고 재현했으니 할 말이 없는 거다. 『지도에도 없는 길』은 두 번째 시집과 22년간의 간극에서 어떤 탐색과 변모의 과정을 밟았는지 그 기록을 살펴보자.

1. 전시적戰時的 경험의 내면화

세 번째 시집을 읽기 전 서정문 시인의 각별한 이력과 행적을 앞에서 먼저 살피게 되는 것은, 이번 시집 『지도에도 없는 길』 1부 첫 장을 펼치면 전장戰場의 잔흔이 아직도 남아 있는 듯이 보이기 때문이다. 서정문 시인은 지금은 군복을 벗고 일상적 삶의 전선戰線에 복무하고 있지만, 뼛속 깊이 배인 직업군인으로서의 근

성과 내성은 아직도 이렇게 들키고 마는 걸까?

섬 자락
신호를 기다려
물의 암호를 푸는 동안
모든 포砲들은 정지되어 신호를 기다린다
목표를 잃은 포구砲口들이
한동안 할 말을 잊은 채
허공으로 절규를 퍼부었다
아무도 들어줄 사람 없는 바다로
빛들이 쏟아져 내린다
아리까리해안
빛이 어둠을 걷어내자
바다는 우르르 각혈을 한다
—「연평도 1」 전문

이 시의 제재인 연평도는 우리나라 서해 최북단에 위치한 섬으로 북한과의 대치하는 상황이 자주 촉발하는 지역이다. 2010년 북한의 연평도 포격 사건은 그 대표적 예다. 그래서 연평도는 우리나라 국민들의 정서에도 군사적 긴장이 흐르는 지역으로 자리하고 있다. 직업군인이었던 서정문 시인이 바라보는 연평도는 더욱 각별할 것이다. 전역은 하였지만 자신도 모르게 표출되는 군인정신의 지배를 아직도 받고 있는 걸까? 「연평도 1」은 전시戰時 중 전장의 한 장면을 연상시키는 듯하다. 모든 시인은 일상적으로 접하는 사물이나 풍경을 낯설게 함으로써 독자들을 긴장하게 만들고 새로운 인식에 도달하게 만든다. 우리는 한 편의 시에서 그 낯선 긴장과 마주할 때 시 읽기의 즐거움을 만끽하게 된다. 서정문 시인의 경우 "물의 암호를 푸는 동안/모든 포砲들은 정지되어 신호를 기다린다"라고 긴장된 시상 전개와 더불어 시 전체 분위기를 전운戰雲이 감도는 상황을 연출하고 있다. 시에 걸맞게 단어의 층위도 "신호", "암호", "포砲" 등 전쟁과 관련된 단어를 선별적으로 구사하고 있다. 일촉즉발의 긴장이 흐르는 '연평도'의 모습은 "포탄 터진 자리에 노을이 매캐하다"(「연평도 3」), "북향집 무너진 천장"(「연평도 4」)에서도 유사하게 전개하고 있다. 이 전장 장면의 구체성은 능동적인 상상력의 질서화된 창조적 심상이 되고 있다. 이렇게 재생된 심상은 실제 대상보다 오히려 더 본질적이고 근원적이라 할 수 있다. 이 구체적 심상으로 서정문 시인은 남북한의 대치적 국면을 재현하고 싶었을까. 한때 직업군인이라는 삶의 형식에서 체감한 전시적 상황을 시의 형식으로 자연스럽게 호환하는 이 특별한 감각의 운영방식은 서정문 시인만의 개성으로 보인다. 왜나하면 「밀지密旨」도 「연평도 1」과 유사한 형식으로 시의 흐름을 장악하고 있기 때문이다.

> 지상으로 은밀한 지령 하나 내려온다. 그 새벽 흰 포대에 차곡하게 돌담을 쌓아 빈틈없이 막아두고, 바람 줄기들은 오다가 멎고, 오다가 멎고. 햇살 전갈은 지상으로 전해질 수 없다는 듯. 척후병은 돌아올 줄 모르고, 직접 가야지 하고 가는 길은 무수한 지상의 때 묻은 흔적뿐. 녹다가 말고 얼다가 지치고 녹슬고 무딘 칼날. 점차 녹슬어 가는 침묵이 등을 내민다. 아득한 것들은 문 너머로 반사되길 기다리지만 아무도 눈길 주지 않는 어둠. 이슥한 길은 걸어도 걸어도 발자국 하나 없고. 추운 밤까지 기다려야 흰 표지 하나를 찾을 수 있을까. 암호처럼 던져둔 이정표 앞에서 한참을 망

설인다. 전해지지 못한 밀지는 철 지난 귤나무에 걸려 파들거리고, 스산한 과수원. 남긴 한라봉 열매 하나 노랗게 등불을 밝히고 서 있다.

—「밀지密旨」 전문

이 시에서 사용하는 단어들도 매우 특별하다. 우선 제목의 "밀지"부터가 그렇다. 우리가 일상에서 흔하게 쓰는 단어들이 아니다. "은밀한 지령", "햇살 전갈", "척후병", "암호" 등 예사롭지 않은 단어들의 나열로 전장戰場의 스산한 기운을 느끼게 만든다. 아울러 '밀지'라는 제목이 담보할 수 있는 영역 안, "지상으로 은밀한 지령 하나 내려온다."라는 문장을 첫 행에 제시함으로써 이 시가 장식적 비유가 아닌 시 전체가 시적 비유인 것을 암시하고 있다. 제주의 스산한 겨울 과수원 풍경을 이렇게 이상하고 특별한 풍경으로 비유한 시도 없을 것이다. 서정문 시인의 눈에 비친 이 과수원의 풍경을 보고 있으면 우리도 어느새 세상과 고립된 어느 부대의 모습을 만나게 된다. "은밀한 지령"이 내려오지만 "햇살 전갈"은 차단되어 있고, 적진으로 보낸 "척후병"은 돌아오지 않고 "어둠"과 "암호처럼 던져둔 이정표" 앞에서 긴긴 겨울을 보내는 전시적 정황의 전개와 정서는 서정문 시인 자신의 경험이 밀어올린 고유한 영역이라 할 수 있다. 이렇게 전시적 상황의 내면화된 풍경은 일종의 패턴처럼 3부의 "눅눅한 벙커로 두툼한 지령 하나 내려온다"(「발칙한 태풍」)에서도 매우 유사하게 전개되고 있다. 직업군인으로서 겪은 전장戰場에서의 누적된 경험이 없었더라면 이 시의 개성과 분위기는 쉽사리 만들어지지 않았을 것이다. 시인은 누구나 자신의 독특한 기억과 경험으로 시적 자양분을 수혈받거나 탄성을 받기 마련이다. 이 두 편에서 보여주는 낯선 비유는, 서정문 시인이 직업군인으로서 체득한 전시적 기억과 경험을 문학적 형질로 재현한 독특한 상상력의 소산이라고 할 수 있다.

2. 시의 형식으로 감지하는 자전적 삶의 형식

서정문 시인의 시편들은 시적 대상에 대한 관찰과 사유로서 생의 철학에 이르는 과정을 보여주는 작품들이 많다. 이 과정 중에는 어떤 형식으로든 자신을 성찰의 목표로 삼는 그림자를 반드시 거느리고 있다. 이는 서정시의 보편적 원리가 지향하는 '세계의 자아화'에 부합하는 것으로 주관적 경험을 토대로 동일성의 논리를 확장하는 일이다. 이 시적 형식으로서 서정문 시인은 사물화된 언어의 본질을 발견하기도 하고, 삶의 형식적 측면에서 표층적 · 심층적 구조를 읽어내기도 한다.

글의 행간으로 숨어들었다
글자를 짚어가며
꼬리를 잘라내는 데 너무 오랜 시간이 필요했다
너 잘라낼 무엇이 없어지고
되새김질하며 글 읽는 소리
먹이를 주지 않아도
몸체만 남은 물고기들이 숨을 멈추고
바위 그늘에서 절로 사는 법을 익히고
바람 소리만 들리는 밤이 오래 이어졌다

비늘을 접은 곳
백 년도 넘게 잠겨있던 절벽의 뿌리
빈 대청마루에 앉아
행간을 읽었다
책을 덮자
지느러미가 사라졌다
서원 뜨락 가득
붉은 목백일홍
절로 벙글고 있다
—「고산서원」 전문

우리나라에 '고산서원高山書院'이라는 편액이 걸려 있는 곳은 두 곳이다. 한 곳은 경북 안동시에 있는 서원으로 정조 13년(1789년) 이상정을 추모하기 위해 창건한 서원이다. 또 다른 곳은 전남 장성군에 있는 사원으로 고종 15년 기정진(1798~1876)이 학문을 강론하던 곳이다. 서정문 시인은 이 두 장소 중 한 곳을 방문하고 위 시를 썼을 것이다. 그런데 이 시를 읽는 데는 그 장소가 두 곳 중 어디라고 해도 상관이 없다. 서정문 시인은 '고산서원'이라는 장소를 자신의 글쓰기를 반추하기 위한 목적으로 빌려왔다고 할 수 있다. 이를 위해 서정문 시인은 객관적 상관물인 '풍경風磬'을 통하여 자신의 모습을 "되새김질" 한다. "글의 행간으로 숨어들었다/글자를 짚어가며/꼬리를 잘라내는 데 너무 오랜 시간이 필요"하다는 전개로서 글쓰기란 오랜 연습과 혹독한 고행의 끝에 탄생하는 것임을 스스로 점검하고 있다. "바위 그늘에서 절로 사는 법을 익히고/바람 소리만 들리는 밤이 오래 이어"지는 과정을 '풍경風磬'의 모습에서 읽어내고 있다. 한편 여기서 '서원書院'은 세상의 유행과 흐름으로부터 차단된 장소로서 기능한다. 그래서 세상의 유속으로부터 "비늘을 접"어야 하는 곳이고 "꼬리를 잘라내"야 하는 곳이다. 글쓰기 혹은 글 쓰는 자의 자세도 이와 같은 절제와 차단의 과정 끝에 이르게 되는 경지임을 스스로 자각하고 진단한다. 그러니까 서정문 시인에게 '고산서원'은 글쓰기의 "행간"을 읽어내기 위해 정신의 총체를 살피는 시적 공간이다. '고산서원'은 일상 속에서 소재로 빌려온 공간이지만 추상적 공간으로 재현된 공간인 셈이다. 그 가능성을 "붉은 목백일홍/절로 벙글고" 있는 장면으로 배치하고 있다. 무심히 지나칠 수 있었을 '고산서원'이 한 편의 시로 탄생할 수 있었던 것은 서정문 시인이 시인으로서 '말'과 '글'에 얼마나 오랫동안 고민하고 천착하고 있었는지 보여주는 증거이기도 하다.

이를 엿볼 수 있는 또 다른 시편이 있다. "기울어진 말이 퍼져나가면서/꼬챙이가 된다/날카로운 화살이 되어 박힌다/등을 관통하며 목을 꺾는다/말꼬리가/말을 비튼다"(「말에 대해」)를 보더라도 그렇다. 이 시는 '말'을 소재로 '말'의 속성을 간파하고 있다. '말 한마디로 천 냥 빚을 갚는다'는 속담도 있듯이 우리의 일상생활에서도 '말'로 인해 발생하는 사건 사고가 자주 발생하고 있다. 의사소통의 수단을 넘어 '말'은, '사물'이고 '힘'이다. 더구나 문학적 질료로써 사용하는 '말'은 문학적 성과를 이루기 위한 '무기'이고 '연장'이다. 서정문 시인도 이 시에서 '말'은 고정된 것이 아니라 살아서 꿈틀거리는 하나의 사물임을 '말'→ '꼬챙이'→ '화살'의 모습으로 드러낸다. 더 나아가 어떤 극단적인 상태에 이른 '말'의 폭력성이 마침내 "목을 꺾"고 "말을 비트"는 지경까지 갈 수 있음을 역동적으로 보여주고 있다. 일찌기 말라르메는 언어에 우선권을 주고 시에서는 언어가 주제가 되어야 한다고 주장했다. 서정문 시인도 위 두 편의 시에서 정작 다루고 싶었던 주제는 언어가 아니었을까?

한편 서정문 시인의 시에서는 자신의 각각의 시에서 반복되는 소재, 유사한 시상 전개가 자주 겹친다. 이 전개방식은 자기 복제에 해당하는 것으로 상호텍스트성의 원리로 설명될 수 있다. 이러한 시 쓰기 방법은 자신이 지향하는 주제, 즉 삶의 논리에 대한 확인과 강조에서 발생한다. 이에 해당하는 시편들은 '물', '강', '바다' 등의 속성에 따른 이미지를 주축으로 삼고 삶의 원리에 순응하려는 실존적 삶의 원리를 따르고 있다.

굽은 허리 위로 툭 튀어나온 뼈들

그리 가라고 앞세웠던

내 등짝은

너를 보았다

덧씌워 완곡한 곡선, 파도를 쓰다듬고 있다

잔 고랑처럼 얽히고설켜

언저리에서만 서성이는

묽은 주름이 되고

오래 쪼그리고 앉아

진득하고 거뭇한 물그림자
—「갯벌에서」 전문

서정문 시인이 '물'과 관련된 이미지나 상상력을 바탕으로 쓰는 시들의 특징 이면에는 반드시 자신의 삶에 대한 성찰이 뒤따른다. 그래서일까? 여기에 등장하는 시적 화자는 대개 자전적 화자에 일치하고 있다. 그리고 이를 형상화하는 과정에는 몸을 의인화하는 경우가 유독 눈에 띈다. 이런 현상은 "수면까지 등뼈를 밀어 올린다"(「물의 비밀」)도 그렇고, "탑 깊숙한 돌 속에/젖은 내 몸이 구겨져 있다"(「흰 탑 아래 서다」)도 그렇다. 직접 자신의 몸을 대상화하지 않는 경우에도, "길을 찾아 나섰다가//더는 가지 못하는 막다른 곳//여기서 더 기다리라 알려온다"(「하류에서」), "강은 높이를 가늠하여 낮은 데로 흘러간다"(「저녁 강」)라고 삶의 이치를 가늠하는 보편적 인식의 척도를 읽어내고 있다. 그런데 이 시들의 공통점은 '물'의 속성에 따른 수평적 상상력을 주축으로 삼고 삶의 처세를 지향하고 있다는 점이다. 그것은 시에 자주 상용하는 단어나 문장에서 금방 감지된다. "언저리에서만 서성이는", "오래 쪼그리고 앉아" 등 갯벌의 모습을 통해서 바다로 상징되는 더 넓은 세계로 더 나아가지 못하는 현실적 한계를 미루어 짐작하게 만든다. 젖은 내 몸이 구겨져 있다"(「흰 탑 아래 서다」)에서도 '젖다', '구겨지다'라는 상황을 제시함으로써 '흰 탑'으로 상징되는 권력, 명예, 직분 등 수직적 세계로부터 멀어져 있음을 형상화하고 있다. 견고한 현실의 벽 앞에 선 현대인의 실존적 좌절감이 마침내 체념에 가까운 "더는 가지 못하는 막다른 곳//여기서 더 기다리라 알려온다"(「하류에서」) 평정심으로 자신을 다독인다. 이러한 시적 비유는 자연 현상을 "강은 높이를 가늠하여 낮은 데로 흘러"(「저녁 강」) 통해서 수직적 세계로부터 수평적 세계로 하강하는 삶의 처세를 스스로 수용하고 터득하게 된다. 이 모든 과정에서 '물'과 관련된 상상력을 바탕으로 삼고 작품과 작품 간의 상호텍스트 성의 원리로 수렴하고 있는 것이 특징으로 드러나고 있다.

3. 일상에서 발견한 관조적 삶의 형식

시인들은 어떤 사물이나 현상을 접할 때 특별한 정서가 가동될 때가 있다. 무심해 보이던 사물이 다르게 보이는, 불꽃처럼 스치는 이때를 우리는 시가 오는 순간이라고 한다. 그렇다고 이 순간은 늘 일어나지 않는다. 오감이 열려 있을 때, 인식이 열려 있을 때 온다. 혹은 자신만이 감지하거나 체감한 누적된 순간이 공통분모처럼 쌓이고 쌓일 때 한 편의 시가 되어 오기도 한다. 이때 관습적으로 길들어 있던 우리의 시각이 벗겨지고 사물이나 현상에 대한 새로운 인식의 차원이 열린다.

다음 시가 그렇다.

대물림할 것이 없어서
저렇게 앉는 법을 남겼다

허공이 의자다
뜬 엉덩이
젖은 곳에 앉아도 젖지 않는
비탈밭 매던 그 자세
아궁이 앞에 앉아
나뭇가지로 밥 짓던 그 폼새

달아나기 좋은 자세다
얼른 일어나서 도망가기 딱 좋은
시어머니 앞에서 며느리가
퍼질러 앉지 못하고
마음 편히 살아오지 못한
어정쩡한 자세다

저리 앉아야 산다
—「조자 앉다」 전문

매우 생소한 제목의 이 시, '조자 앉다'는 경상도 사투리로 땅에 무릎을 굽히고 앉되 엉덩이는 땅에 닿지 않고 쪼그려 앉은 모습이라고 각주에서 소개하고 있다. 그런데 이 자세는 어디선가 많이 본 듯한 자세 같다. 그렇다. 허벅지 강화 운동인 '스쿼트 동작'이 이와 비슷하다고나 할까. 그렇지만 이 시에 나열된 장면들은 운동의 동작이 아니다. 밥벌이의 현장에서 어쩔 수 없이 무릎을 굽혀야 하는 노동의 동작들이다. '조자 앉'아서 일을 해야 한다면 얼마나 몸이 고단할까? 반면에 '조자 앉'아서 일을 해야 하는 이 자세는 "달아나기 좋은" 자세이고 "얼른 일어나서 도망가기 딱 좋은" 자세이기도 하다. 이 지상에 밀착하고 사는 사람들의 모습이 이와 같지 않을까. 찰리 채플린은 인생이란 멀리서 보면 희극이고 가까이서 보면 비극이라 했던가. 이 자세를 통해서 서정문 시인은 삶의 희비극의 양면성을 예리하게 간파한다. 이 시의 힘은 비극적인 소재를 희극적으로 다루고 있다는 데 있다. 또 각각 무관한 동작들을 조합하여 '조자 앉다'라는 의미망 안에 함께 묶어 주제를 힘있게 받들고 있다. 게다가 "어정쩡한 자세"를 가능하게 하는 것이 "허공이 의자"가 되어 받쳐준다는 발견 앞에서 우리는 무릎을 치지 않을 수가 없다. 시의 표층적 전개는 가벼운 웃음을 다루는 듯 보인다. 하지만 '조자 앉'는 자세들은 하나 같이 고단한 노동의 현장인 "젖은 곳", "비탈밭", "아궁이"에서 삶의 무게와 질량을 견디는 사람들의 실존을 구체적으로 다루고 있기에 이 시의 함량은 결코 가볍지는 않다. 시에 직접 거론하지는 않지만, 이 지상에서 살아가는 보편적 다수 우리의 삶이 이와 같은 "대물림"을 하는 것은 아닐까. 이렇게 이 시는 가볍게 웃음을 던지는 듯하다가, 측은한 시선으로 접근하다가, "저리 앉아야 산다"는 마지막 행의 배치는 이 시의 질량이 결코 가볍지 않음을 시사한다. 이성복 시인은 그의 시론 『무한화서』에서 한 편의 시에는 진지함과 측은함과 장난기가 함께 묻어있어야 한다고 했다. 그런 점에서 이 시는 그 말과 얼마나 가까운 거리에 있는 시인가! 삶에 대한 지극한 연민에서 비롯된 구체적인 관찰이 이 절묘하고 아름다운 시를 쓰게 만들었을 것이다.

또 서정문 시인의 시를 읽다 보면 제주濟州에서 만나게 되는 풍경이나 소재를 자주 시에 채택한다. 서정문 시인은 서울에서 생활하다가 현재는 직장 문제로 몇 년 전부터 제주에서 살고 있다. 그래서 제주에서 만나게 되는 풍광은 훨씬 이질적 감각 혹은 낯선 이미지로 체감할 기회가 많았을 것이다. 동백나무에 깃든 어떤 요소가 서정문 시인의 시선을 와락, 훔쳤을까?

> 로터리 옆 신호등 앞에서 이웃집 할머니를 만난다. 거기 오래 서 계셨구나. 어린아이 손을 잡은 여인 하나가 할머니 등 뒤로 선다. 바람이 오고 꽃 한 송이 떨어진다. 구겨진 꽃 위로 오롯이 새 꽃송이 하나 얹힌다. 할머니 옆으로 다가서는 젊은 여자. 신호등은 바뀌지 않는다. 동백나무 그늘로 아이가 들어선다. 할머니 굽은 등에 내리는 햇살, 주름이 더 깊어 보인다. 태풍에 찢어지고, 부러지고, 등짝에도 상처가 난다. 찢긴 잎 사이 붉고 작은 등 몇 개 걸려있다. 붉은 신호등이 나무 등줄기에 매달린다. 세상이 잠시 멎는다.
>
> —「늙은 동백나무」 전문

동백나무는 제주에서는 가로수로 심어져 있을 만큼 흔히 만나게 되는 나무다. 서정문 시인은 제주의 어느 로터리에서 전광석화처럼 스쳐 가는 시적 체험을 한다. 이때 붉은 꽃을 매단 동백이 마치 "거기 오래 서" 있었던 "이웃집 할머니"처럼 보이기 시작한다. 아마도 그 동백은 수령이 오래된 나무였던 모양이다. "굽은 등에 내리는 햇살, 주름이 더 깊어" 보이고 "태풍에 찢어지고, 부러지고, 등짝에도 상처가" 있는 영락없는 "이웃집 할머니"의 모습으로 치환되는 순간, 이 시의 스케일은 자연스럽게 확장될 준비를 마친 셈이다. 신호를 기다리던 "여인"과 그의 "어린 아이"와 "젊은 여자"는 할머니의 그늘을 찾아 "등 뒤로" 또는 "옆으로" 서거나 다가선다. 사실 동백을 대상으로 수많은 시인들이 시를 썼다. 그런데 동백을 이렇게 "이웃집 할머니"로 비유한 시가 있던가. 보통명사 '할머니'로 비롯되는 대모적大母的 상징성이 "(할머니의) 그늘"과 맞물리어 보편적 모성성의 영역으로 확장하고 있다. 이는 여성과 자연이 연대할 수 있는 개연성을 암시한다. 이렇게 확장된 시적 공간은 "로터리 옆 신호등"이 있던 현실적 공간을 압도하며 "찢긴 잎 사이 붉고 작은 등 몇 개" 걸려있는 '늙은 동백나무'는 오래전부터 그 자리에서 수없이 교차하는 세월의 속도를 지켜보고 있었던 '신호등'으로 인지하게 한다. '늙은 동백나무'와 마주하게 된 시적 순간이 사물에 대한 새로운 해석과 가치를 만들어내고 있다.

4. 부모님을 향한 이별의 형식

시를 쓸 때 어려운 점 가운데 하나는 객관적 거리의 조절이다. 특히 피[血]로 연결된 사람들의 이야기를 다룰 때 객관적 거리조절이 잘 안 된다. 알면서도 안 되는 것이 가족이고 부모님이라는 끈이다. 사실 일상적 생활에서도 가족만큼 거리조절이 안 되는 사람도 없다. 시의 대상이 부모님일 때는 더욱 그렇다. 만약에 시도

관여할 수 없는 감정의 영역이 있다면, 그 최전방에 우리 모두의 부모님이 계실지도 모른다. 그래서 부모님을 대상으로 시를 쓸 때는 이런 점이 가장 위험하고 어렵기 때문에 감정을 함부로 낭비해서는 안 된다. 일상에서 부모님에 대한 극진한 감정의 수위는 아무리 말해도 문제가 되지 않는다. 하지만 시에서는 감정을 앞세울수록 객관적 거리는 실패할 확률이 높고, 독자들은 이내 지루해져 버린다. 서정문 시인이 몇 해 전 어머니를 여의었기 때문일까? 4부의 21편의 시 중에서 어머니를 대상으로 쓴 시가 14편, 아버지에 대한 시는 2편인 것을 보아도 그렇다. 이번 시집 4부의 대부분은 아직 보내드리고 싶지 않은 어머니를 마음으로 끌어안고 쓴 시다. 천천히, 아주 천천히, 좀 더 계시다가 가시라는 긴 이별의 형식이다.

기억의 옆구리가 터지면서
어머니의 상상력은
산을 넘고 홀로 강을 건너가신다
이야기 끝을 애써 따라가니
바로 옛집
이미 헐려버린 집, 빈자리
더 멀리
더 빨리 달아나기 위해
안간힘을 쓰고 있다
앞서가면서도 더 빨리 걸어가고 있다
이야기는 초점을 흐리며 곤두박질치고
메마른 목을 감아쥔다
허공에서 맴돌다가 내동댕이쳐지고
보이지 않는 곳에서 나를 부른다
캄캄한 외계와 신호를 주고받는다

끊어진 빨랫줄
마당에 널브러져 있다
—「끊어진 빨랫줄」 전문

이 시는 치매를 앓는 어머니의 모습을 "기억의 옆구리가 터지"는 것으로 비유한다. 감정을 앞세우지 않고 어머니(대상)와의 객관적 거리를 유지하기 위해 시상 전개를 단속적으로 배치하고 통제한다. "어머니의 상상력은/산을 넘고 홀로 강을 건너가신다"라는 부분을 보더라도 그렇다. 기억이 단절되어 가는 어머니의 모습을 "캄캄한 외계와 신호를 주고받는" 것으로 상상력을 펼치면서 어머니의 치매를 "끊어진 빨래줄"로 연결 짓는 절묘한 발상이 압권이다. "기억은 줄다리기를 하면서/왔다가 다시 돌아간다"(「치매의 시간」), "어머니의 기억도 간혹/전용차로를 달리다가도/끝내 차선변경을 하고야 만다"(「치매」)라는 부분에서도 그렇듯이 기억을 드러내는 심상을 '줄', '길'로 치환하고 있다. 그런가하면 치매를 앓는 어머니의 모습을 "오월 이후, 한 번도 땅에 내딛지 못하고 누워만 계신 발자국"(「첫눈 위 발자국」), "스스로를 삼키고 계신다"(「요양병동 5호실」) 라는 표현 등을 보듯이, 어머니에 대한 안타까움을 격한 감정으로 토로하지 않는다. 반드시 감정을 여과를 마친 상태에서 "저 길 끝에서 푸른 손을 흔들고 계시네"(「푸른 신호등」) 라고 담담한 감정으로 노래한다. 오랜 병상 생활로 쇠약해진 어머니의 모습을 "단맛도 쓴맛도 없"(「붉은 대추」)는 '붉은 대추'를 통해 비유한다. 「담쟁이덩굴」에서는 "어머니의 손등에도 힘줄 생겨/저 창 너머 무성한 잎"처럼 생기가 돌기를 담쟁이 비유를 통해 드러낸다. 얼마나 오랫동안 어머니의 병환을 지켜보고 있었는지 어머니 관련 시편을 모아놓으니 서정이기보다 서사 같다. 그런데 오랜 병환을 지켜보았기 때문일까? 어머니에 대한 안타까움과 애틋함은 묻어있되, 시를 전개하고 구성하는 데에는 객관적 거리가 이성적으로 유지되고 있다. 이 시들이 지루하지 않게 읽히는 것은 이 때문이다. 시의 대상인 어머니는 서정문 개인의 어머니이지만 우리 모두의 보편적 어머니의 모습으로 읽게 되는 것은 이유도 여기에 있다. 마침내 돌아가신 어머니의 모습도 "붉은 만장 속으로 어머니는 걸어가셨다"(「그림보다 그림 같은 보리」), "어머니, 나비가 되세요"(「나비」) 등으로 감정 소모를 최대한 절제한 상태로 대상과의 객관적 거리를 유지하고 있다.

살아생전 타보지 못한
아버지의 무등을 탄다
어깻죽지에 슬쩍 앉아
아버지의 든든했던 등에 발을 걸쳐본다
둥그렇게 굴곡이 진 작은 오름을 지나
굽어진 허리께에서 팔을 멈춘다
찬찬히 굽은 등을 토닥거린다
그래, 시원하다 거기 조금만 더 두드려주렴
풀들이 우르르 밀려 아래로 떨어진다
흰 망촛대 꽃대궁도 갸우뚱 쓰러진다
아버지 지게에 가득 실려 오던 그 살 냄새
풋풋하게 날아오른다
하늘 거울에 얼굴을 비추어보신 아버지

어, 오늘 머리 참 시원하게 깎았다
오른손으로 스윽 손 빗질을 하신다.
—「벌초」 전문

그런가 하면 서정문 시인이 회상하는 아버지에 대한 추억도 아직 애틋하다. 에밀 슈타이거는, 서정의 근본 형식이 '회상'이라고 했다. 이는 단지 돌아본다는 의미만이 아니라 돌아볼 때 발생하는 주체와 객체 간의 거리 소멸, 즉 서정적 융화가 시의 본령이라는 말로 설명한 바 있다. 이 시를 보아도 돌아가신 아버지 무덤에 벌초를 하다가 아버지와의 서정적 융화가 이루어진다. 아버지에 대한 그리움이 "햇살이든 별빛이든 아님 달빛이어도 괜찮고요/그 빛을 타고 내려와 비스듬히 기대어 보세요"(「달빛 상여」)라는 시에서도 고스란히 드러난다. 무덤으로 남아 있는 아버지의 흔적에서 "살아생전 타보지 못한/아버지의 무등을" 타는 것으로 거리를 좁히며 아버지와의 추억과 회상에 젖어든다. 과거와 현재가 넘실거리는 순간 아버지의 육성, "그래, 시원하다 거기 조금만 더 두드려주렴"이 들리고, 훅! 밀치고 들어오는 아버지의 "살 냄새"는 후각을 통해 육화되고 있다. 그리고 다시 현실로 돌아온 상태에서 이 시는 "어, 오늘 머리 참 시원하게 깎았다/오른손으로 스윽 손 빗질을 하신다."라는 부분에서 촉감을 통한 감각적 융화를 맛보게 한다. 이런 부분이 서정문 시인만이 감지한 특별한 감각적 성취라 할 수 있다. 돌아가신 아버지가 시의 대상이기에 자칫 식상하고 지루해질 수 있을 테지만, 감각을 동원한 감각적 교감과 대화체의 시행 배치가 시에 생동감을 불어넣고 있다.

서정문 시인의 22년 동안의 시적 여정을 몇 개의 카테고리로 묶어 보았다. 이 거친 분류가 오히려 서정문 시인의 시를 이해하는 데 누가 되지는 않을까 염려스럽다. 본문에서 직접 거론하지 않았지만, 이번 시집은 제목이 암시하는 것처럼 "지도에도 없는 길"(「기차를 기다렸다」)을 찾는 기나긴 여정이 아니었을까. 이번 시집에서 보여준 저력底力을 바탕으로 고른 호흡 장전裝塡하고 용사처럼 오랜 길 가시길 빈다.(▪)